Anonymous

Ungrund derjenigen Staatsschrift,

welche folgenden Titel führet Freymüthige und zuverlässige Aufklärung

der Begebenheiten vom Jahre 1426 bis 1429

Anonymous

Ungrund derjenigen Staatsschrift,
welche folgenden Titel führet Freymüthige und zuverlässige Aufklärung der Begebenheiten vom Jahre 1426 bis 1429

ISBN/EAN: 9783743622975

Hergestellt in Europa, USA, Kanada, Australien, Japan

Cover: Foto ©Suzi / pixelio.de

Weitere Bücher finden Sie auf **www.hansebooks.com**

Ungrund

derjenigen Staatsschrift, welche folgenden Titel führet:

Freymüthige und zuverläßige

Aufklärung

der

Begebenheiten

vom Jahre 1426. bis 1429.

aus Urkunden und gleichzeitigen Geschichtschreibern ausgearbeitet, nach welchen weder die Richtigkeit des

vom Kaiser Sigismund

am 10. Merz 1426. dem Herzoge von Oesterreich

Albert dem Fünften

erteilten Lehenbriefes,

noch auch

(da dieser der alleinige Beweis)

die Gültigkeit

des vom Wienerhofe nach Absterben des letzten Kuhrfürsten von Bayern,

Maximilian Josephs

auf Niederbayern gemachten Anspruches weiter bestehen kann.

1778.

§. 1.

Einleitung.

„Bei den meisten Materien des deutschen Staatsrechtes, vorzüglich
„aber auch bei den An- und Zusprüchen der deutschen Reichs-
„stände entweder auf Land und Leute, oder auf andere
„Rechte, Freiheiten und Gerechtsamen: gibt die Reichsgeschichte zur
„Beurtheilung der rechtlichen Gültigkeit, oder Gesetzwidrigen Anmassung,
„die alleinige Aufschliessung. Wenn also in unsern Tagen nach Absterben
„des lezten Kuhrfürsten von Bayern, Maximilian Josephs, die sehr
„wichtige Frage ist: Hat das durchlauchtigste Haus Oesterreich auf
„das Herzogthum Niederbayern gegründete Ansprüche gemacht, oder
„nicht? so können wohl unmöglich diese oder jene, und noch dazu
„so verstümmelte Urkunden die Aufschliessung und Entscheidung einer
„so wichtigen Frage ertheilen; sondern es kömmt hierbei auf viel mehrere
„in den Jahren 1425. bis 1429. sich zugetragene Begebenheiten, und de-
„ren wahren Zusammenhang an. Der Herr geheime Justizrath Pütter
„sagt zwar in seinen historischen und litterarischen Erläuterungen des
„ehemaligen Successionsfalls, der mit Herzog Johannes von Bey-
„ern erloschenen Straubingischen Linie; daß von den Geschicht-
„schreibern der mittlern Zeit Andreas Presbyter, Arenpeck, und

A 2   Stein-

4

„ Steindelius allein von diesem Successionsfalle Nachricht geben, und daß
„ die übrigen Geschichtschreiber der mittlern Zeit selbigen ú ergangen. Al-
„ lein, diese Abhandlung wird zeigen, daß dieses der Wahrheit nicht ge-
„ mäß, und daß mehrere selbst zum Theil gleichzeitige und sehr glaubwür-
„ dige Geschichtschreiber, von dieser wichtigen Begebenheit Nachricht gege-
„ ben haben. Dieses Urtheil eines so berühmten deutschen Geschichtschrei-
„ bers hat wahrscheinlich andere Schriftsteller, welche den Ausspruch des
„ Hauses Oesterreich auf Niederbayern vertheidiget haben, verleitet,
„ daß sie keine so grosse Aufmerksamkeit den historischen Untersuchungen ge-
„ widmet, noch vielweniger in den Sammlungen der deutschen Ge-
„ schichtschreiber, alle die Nachrichten aufgesuchet haben, welche hätten
„ aufgesuchet werden sollen, und die bei dieser so wichtigen Frage viele
„ Entscheidung ertheilen.
          Ich weiß nicht was der Verfasser mit die-
sen pralerischen Worten haben will. Ehe noch
als des geheimen Justizraths Pütter seine historische und litterarische Erläuterungen re. zum Vorschein gekommen sind, hat man den Anspruch des
durchlauchtigsten Erzhauses Oesterreich auf Niederbayern, Straubingen, bekannt gemacht, und
die zuverläßigsten und unumstößlichsten Gründe
davon gezeiget. Man kann den gegenseitigen
Verfasser versichern, daß er in dieser so betitel-
ten Aufklärung nichts neues entdecket, und diesen österreichischen Anspruch und Gerechtsame
weder in einiges Licht gesetzet, noch dieselben ei-
nigermassen verdunkelt und verdächtig gemacht
hat.
     „ Selbst der Verfasser der Wiener Schrift (a) führet bei dem Haupt-
„ beweis für Oesterreichs gerechten Anspruch auf Niederbayern, keinen ein-
„ zigen historischen Umstand aus einem gleichzeitigen Schriftsteller an:

          Wenn der Verfasser dieses in Ernst meinet,
     so handelt er wider alle Aufrichtigkeit. Die in
     den unpartheischen Gedanken Seite 17. 18. 19. 23.
                                                    28.

(a) „ Unpartheiische Gedanken über verschiedene Fragen bei Gelegenheit der
    „ Succession in die von dem verstorbenen Kuhrfürsten Maximilian Jo-
    „ seph zurückgelassene Länder und Güter. 1778. 4to.

28. 36. angeführten Schriftsteller beschämen den=
selben. Der Verfasser dieser unpartheischen Ge=
danken hat so viele Umstände aus gleichzeitigen
Schriftstellern angeführt, als die Absicht seiner
Schrift erfoderte. Alle unparteiische Leser sind
ihm vielen Dank schuldig, daß er seine Sätze
lieber aus den ächtesten Diplomen, als aus blos=
sen Geschichtschreibern dargethan hat.

„ sondern verläßt sich allein auf die von ihm zuerst herausgegebenen verstüm=
„ melten Urkunden, und auf einige Aktenstücke beym Senkenberg in
„ der Sammlung von ungedruckten und raren Schriften.

Ich weiß nicht wie der Verfasser dieses behaup=
ten kann. Er hat freylich aus den angeführten
Urkunden nur diejenigen Worte herausgenom=
men, welche einen Beweis abgeben sollten. Heißt
dieses die Urkunden verstümmeln? Haben
dieses nicht viele andere Schriftsteller vor sei=
ner gethan? Finden sich nicht unter denselben auch
solche, welche die Gerechtsamen des Erzhauses
Oesterreich auf Niederbayern Straubingen in ih=
ren Schriften angetastet haben? Und was hat der
gegenseitige Verfasser gethan? Er hat gar nichts
aus den Urkunden angeführt, sondern ist nur bei
einigen Schriftstellern geblieben. Er wird es am
besten wissen, warum er dieselben den ältesten
Diplomen vorgezogen hat.

5. Da also diese Nachrichten in den Geschichtschreibern der mittlern Zeit
„ nicht so bekannt sind, als zur Beurtheilung der österreichischen Ansprüche
„ erfoderlich ist; bei diesen Geschichtschreibern aber wie bekannt, alles auf
„ Glaubwürdigkeit ankommt;

Es kömmt freilich bei den Geschichtschreibern
und ihren Erzählungen alles auf die Glaubwür=
digkeit an. Wer wird aber denselben eine grös=
sere Glaubwürdigkeit beylegen können, als den
auf kaiserlichen Befehl verfertigten und ertheil=
ten Urkunden?

„ so ist nothwendig, um die folgende Erzählung bestomehr zu bestättigen,
„ von allen diesen Schriftstellern eine genaue und prüfende Nachricht zu
„ geben.

Der

Der Verfaſſer wird nicht übel nehmen, wenn man dieſe Nachrichten genau prüfen und beurtheilen wird.

§. 2.

„Von den Urkunden, die ſich auf dieſen Succeſſions„ Fall beziehen.

„ Auſſer dem Lehnbriefe des Kaiſers Sigmunds vom 10. Merz 1426.
„ und dem Succeſſionsvertrage vom 21. Merz 1426, welche der Herr Ver„ faſſer der Wienerſchrift zu erſt, aber beide ſehr verſtümmelt, heraus„ gegeben, treten folgende Urkunden ein, und verdienen Aufmerkſamkeit:
„ Die Urkunde Sigismunds, gegeben zu Plindenburg an St. Kilians„ tage 1426.; es ſteht zwar ſelbige beim Senkenberg in Corpore juris
„ feudalis Seite 588. wie der Herr Verfaſſer der Wienerſchrift bemerkt,
„ allein dieß iſt ein neuer Abdruck, und man findet ſie viel genauer beim
„ Londorp (b), Lünig (c) und Horn (d); die Urkunde gegeben zu Ofen
„ am St. Lukastage 1426. nicht allein beim Lünig (e);

Daß dieſe Urkunden den öſterreichiſchen Gerechtſamen nicht entgegen ſind, wird man unten darthun.

„ ſondern vorzüglich auch beim Londorp (f); der Ausſpruch des Kaiſer
„ Sigmunds gegeben zu Preßburg 1429. (g); endlich eine Urkunde von
„ 1485. (b).

Die Urkunde von 1485. gehöret nicht hieher, und ſtehet mit den öſterreichiſchen Gerechtſamen auf Niederbayern Straubingen in keinem Verhältniß.

§. 3.

(b) „ Acta publica Tom. I. Seite 34.
(c) „ Corpus juris feudalis Tom. I. S. 198.
(d) „ Lebens- und Heldengeſchichte Friedrichs des Streitbaren, Leipzig 1733.
„ 4to. In Codice Fridericiano S. 925.
(e) „ L. cit. S. 194.
(f) „ L. cit. S. 36.
(g) „ Von Senkenberg in der Sammlung von ungedruckten und raren Schrif„ ten. Frankfurt am Mayn I. Theil 1745. 8.
(b) „ Senkenberg l. cit. S. 58.

§ 3.

„ Von den Schriftstellern die von diesem Suc-
„ cessionsfalle Nachricht geben.

„ Die ächten und zum Theil gleichzeitigen Schriftsteller, welche von
„ den Begebenheiten der Jahre 1425. bis 1429. Nachricht hinterlassen ha-
„ ben, sind Andreas Presbyter (i),

„ Vi-

(i) „ Andreas Ratisbonensis geboren gegen den Ausgang des vierzehnten
„ Jahrhunderts, und also diesen Begebenheiten gleichzeitig. Nicht aber
„ nur gleichzeitig, sondern er legte sich mit besonderm Fleiß auf die Ge-
„ schichte und Genealogie, und wurde von dem Herzog Ludwig von
„ Bayern nicht allein zur Beschreibung der bayerischen Geschichte auf-
„ gemuntert, sondern erhielt auch selbst von diesem Herzog 1427. Sub-
„ sidien und Hülfsmittel. Ja er schrieb zu der Zeit, als der niderbay-
„ rische Successionsstreit 1425. entstanden war, auf Befehl dieses Her-
„ zogs, eine bayerische Genealogie. Von diesem Schriftsteller besitzen
„ wir (in wie weit sich seine Schriften auf diese Begebenheiten be-
„ ziehen) Chronicon generale a Christo nato, usque ad sua tempora:
„ selbiges haben zu gleicher Zeit 1731. Joann Georg Eccard in Corpore
„ historiæ medii ævi Num. XXV. à 1931. und Bernhard Pez in
„ Thesauro Anecdotorum novissimo Tomo IV. P. III. p. 373. her-
„ ausgegeben. Die Ausgabe des Eccard ist vollständiger, des Pezen
„ seine aber genauer und richtiger. Pezens Ausgabe höret mit dem Jah-
„ re 1428. auf: Eccards Ausgabe aber mit dem Jahre 1438. Eccard
„ hat zwar geglaubt, daß Johannes Ebrasst ihn von 1422. bis 1438.
„ fortgesetzt habe: und daher sagt er: Andreas Ratisbonensis Chroni-
„ con a Joanne Chrasst, Prædicatore Cambensi, interpolatum, &
„ usque ad annum MCCCCXL. continuatum. Allein es ist dieses
„ irrig, und des Andreæ Arbeit gehet bis 1438. Wie Eccard zu die-
„ sem Irrthume ist verleitet worden, zeiget Andreæ Felicis Oefele Com-
„ mentatio prævia de vita & scriptis Andreæ Ratisbonensis in T. I.
„ scriptorum rerum Boicarum Augustæ Vindelicorum 1763. Fol.
„ S. 1. Daß in diesem Chronico Nachrichten von diesem Successions-
„ falle vorkommen, haben schon andere bemerket; zum B. Pütter in sei-
„ nen historischen und litterarischen Erläuterungen, u. s. w. alleine die-
„ se Nachrichten in dem Chronico sind nicht sehr erheblich. Wir be-
„ sitzen jedoch von eben diesem Schriftsteller, von diesem Andreas Ra-
„ tisbonensis, eine andere Schrift, welche eigentlich die Begebenheiten
„ von diesem Successionsfalle enthält. Diese Geschichte haben die
„ Schriftsteller von gegenwärtigem Successionsfalle, und eben also Püt-
„ ter in seinen litterarischen Anmerkungen ausser Acht gelassen. Es ist
„ auch

„ Vitus Arenpekius (*k*), das Chronicon Mellicenfe (*l*), der Abbas
„ Formbacenfis (*m*), und Joannes Staindelius (*n*).

§. 4.

„ auch diese Schrift vorher in keiner Reichshistorie, nicht einmal von
„ dem in Allegationen sehr vollständigen Häberlein Theil V. seines
„ Auszuges aus der Welthistorie, bei diesen Begebenheiten angeführet
„ worden. Die Schrift ist folgende: Andreæ Ratisbonenfis diarium
„ fexennale annum Chrifti MCCCCXXII. cum quinque fequenti-
„ bus complectens. Dieses Diarium enthält vorzüglich die bayerischen
„ Begebenheiten, wie auch den Successionsstreit wegen Niederbayern
„ von 1429. 1427. und wie wichtig selbiges sey, wird diese Schrift zei-
„ gen. Es hat dieses Diarium zuerst Oefelius L. I. fcriptorum rerum
„ Boicarum herausgegeben.

(*k*) „ Viti Arenpeckli Presbyteri fæcularis ac Syxti Epifcopi Frifingen-
„ fis Capellani Chronicon Bojaricum. Er war geboren 1441. und
„ hat dieses Werk mit dem Jahr 1495. geendigt. Er ist einer von den
„ vorzüglichsten Schriftstellern Bayerns, und aus ihm haben Aventin,
„ Hund, Brunner, Adelzreuter, einen grossen Theil ihrer Nachrich-
„ ten genommen. Seine Glaubwürdigkeit ist übrigens entschieden. Welt-
„ läufig handelt von ihm Pez in Thefauro anecdotorum noviffimo.
„ T. III. Auguftæ Vindelicor. 1721. in differtat. ifagogica p. 23.

(*l*) „ Chronicon Monafterii Mellicenfis ab anno primo Æræ Chrifti ad
„ annum ejusdem MDLXIV. S. 162. Dieses Chronicon ist vom er-
„ sten Jahre nach Chrifti Geburt bis 1041. eine Compilation, vorzüg-
„ lich aus dem Hermannus Contractus: doch findet man bei einigen
„ Stellen andere Lesarten, als in dem Abdrucke des Hermanni Con-
„ tracti in den benannten Sammlungen. Von 1041. bis 1123. hat ein
„ unbekannter dieses Chronicon zusammen getragen: von diesen Jah-
„ ren aber an bis 1564 haben es immer gleichzeitige Mönche des Klo-
„ sters mit Genauigkeit und Glaubwürdigkeit fortgesetzt.

(*m*) „ Angeli Rumpleri Abbatis Formbacenfis Ordinis S. Benedicti. Ca-
„ lamitatum Bavariæ Libri VI. beim Oefelius l. ck. T. I. S. 87. Er
„ war geboren 1462. und war einer der vornehmsten Landesstände in
„ Bayern. Seine Glaubwürdigkeit und Freymüthigkeit machen ihn zu
„ einem der vorzüglichsten Schriftsteller. S. Oefelius de vita & fcriptis
„ Angeli Rumpleri Abbatis Formbacenfis commentatio prævia loc.
„ cit. S. 88. In dieser feiner Geschichte, die von niemanden bei dem
„ gegenwärtigen Successionsstreite bemerket worden ist, kommen sehr merk-
„ würdige historische Umstände zu den Jahren 1425, bis 1429. vor.

(*n*) „ Joannis Staindelii Presbyteri Patavienfis Chronicon generale ab
„ O. C. ad A. C. MDVIII. Er trug dieses Chronicon 1486. zusam-
„ men etc.

Der Fleiß des Verfaſſers, den er durch Mit=
theilung der in dieſem §. enthaltenen Nachrichten
bezeiget, iſt zu loben. Nur iſt die Frage, ob er
aus den angeführten Geſchichtſchreibern etwas
entdecket hat, ſo den öſterreichiſchen Rechten auf
das Herzogthum Niederbayern Straubingen im
Wege ſtehet? ob die von ihm aus dieſen Geſchicht=
ſchreibern angeführten Nachrichten den Diplo=
men, welche auf Befehl des Kaiſers ausgefertigt
und ausgeſtellet worden, vorzuziehen ſind? Die=
ſes iſt es, was der Verfaſſer darzuthun nicht im
Stande iſt. Auſſer den angeführten Schriftſtel=
lern hätte er nicht auſſer Acht laſſen ſollen des
Anonymi Leobienſis Chronicon, und Chronicon
Ludovici IV. Imperatoris, davon jenes bei Pez in
ſcriptorib. rerum Auſtriac. Tom. I. p. 756. dieſes
aber in deſſen Tom. II. pag. 415. anzutreffen iſt.

§. 4.

Fortſetzung.

„ Weber in den im Drucke, herausgegebenen Sammlungen von Urkun=
„ den, ſo wohl zu der allgemeinen Geſchichte Deutſchlands, als auch der
„ beſondern deutſchen Provinzen, kann man alles Nachforſchens unerachtet,
„ keine

„ zuſammen, und war gleichzeitig dem Angelus Rumplerus. Daſſelbe iſt
„ aus andern Schriftſtellern, die er aber nicht anführet, und von wel=
„ chen verſchiedene verloren gegangen, zuſammengetrag.n. Dieſes Chro=
„ nicon, welches auch bei Gelegenheit der öſterreichiſchen Anſprüche auf
„ Niederbayern iſt angeführt worden, ſteht bei Oeſelius l. cit. T. I. p.
„ 420. Ladislaus Sunthemius in familia Germaniæ Principum illu=
„ ſtrata, vom Oeſelius l. cit. T. II. S. 557. zu erſt herausgegeben,
„ erzehlet allein den Todesfall des Herzogs Johannes von Niederbay=
„ ern, und die Eröffnung des Landes, ohne ein Wort beizufügen. Er
„ war übrigens Geſchichtſchreiber Kaiſers Maximilian I. und wurde von
„ ihm zur Abfaſſung dieſer Schrift aufgemuntert. Den Aventin an=
„ nal. Boicor. Lib. VII. cap. 24. n. 41. S VII. n. 67. übergehe
„ ich. Beide Schriften haben Pütter, und andere angeführt, doch ſind
„ nicht alle von Abelzreiter angeführte hiſtoriſche Umſtände benutzet wor=
„ den. B

„ keine einzige Urkunde , die angeführten ausgenommen , weiter entdecken ,
„ welche die Begebenheiten von 1425. bis 1429. aufklärte. Eben also
„ übergehen alle gleichzeitige und spätere Schriftsteller zur allgemeinen deut-
„ schen Geschichte , und zur besondern Staatengeschichte , als östterreichi-
„ sche, böhmische, ungarische, u. s. w. diese Begebenheiten , so, daß
„ also die angeführten allein dieser wichtigen Staatsveränderung eine Er-
„ läuterung ertheilen. Die ganz neuern Schriftsteller, welche diese Bege-
„ benheit von 1425. bis 1429. erzehlen , übergehe ich , da sie bereits Püt-
„ ter angeführet hat, als Strub, u. s. w. und füge nur noch zwey bei,
„ die er übersehen, den Nikolaus Geranius (o) , und den Jakob Paul
„ Gundling (p).

Man könnte zwar wider den Verfasser auch
hier etwas erinnern , um aber den Verdacht eines unnöthigen Widerspruchs von sich abzule-
nen, so will man solches nicht thun.

§. 5.

„ Geschichte des Jahres 1425. in wie ferne sich die
„ Begebenheiten auf den Successionsfall beziehen, und
„ zwar nach Absterben des Herzog Johannis
„ von Niederbayern.

„ In dem Jahre 1425. am 6. Jenner , starb Johannes , Herzog von
„ Niederbayern, Graf von Hennegau , Holland und Seeland, Herr von
„ Frißland am Gift, ohne Kinder zu hinterlassen (q).

In
Wenn der Verfasser die in diesem und den folgenden Paragraphen angeführten Nachrichten , in
der Absicht angeführt, um die Gerechtsamen des

(o) „ Moguntin. rerum Lib. V. Mogunt. 1604. 4to. und von neuen ab-
„ gedruckt und fortgesetzt in vol. I. rerum Moguntiacarum cura G. I. C.
„ Joannis, Francof. ad Moenum 1722. fol. in Vita Conradi III. §. 4.
„ 32. und 52. S. 741. 743.

(p) „ Leben Friedrichs des ersten. Halle 1715. 8. 1ste Abhandlung §. 10.
„ Seite 278. 289. 282.

(t) „ Daß er am Gift gestorben, hiermit stimmen alle Schriftsteller überein:
„ das Sterbejahr und den Tag, den 6. Januar 1425. bestimmen also
„ die glaubwürdigsten Schriftsteller , als : Andreas Presbyter in Dia-
„ rio

Erzhaues Oesterreich auf Niederbayern anzufech-
ten, und einen richtigen Begrif von der Natur
und Eigenschaft der bayerischen Länder anzuzeigen: so hat er vom Jahre 1425. gar nicht anfan-
gen sollen. Er hätte in die ältere Geschichte der
bayerischen Länder zuruck geben, und aus derselben so viel anführen sollen, als es nöthig ist,
dem Leser einen vollständigen Begrif von der
wichtigen Streitsache beizubringen. Das Beispiel der Verfasser der unparti schen Gedanken
über verschiedene Fragen bei Gelegenheit der
Succession in die von dem verstorbenen Kuhrfürsten Maximilian Joseph rückgelassene Länder und
Güter, und der Rechte der Todtheilung in ihrer
Wirkung auf das jüngsthin erledigte Herzogthum Niederbayern rc. hätte ihn billig dazu be-
wegen sollen. Warum hat er aber das nicht gethan? Warum hat er die wesentlichsten Begebenheiten verstümmelt vorgetragen? Keine andere Ursach kann davon nicht angegeben werden,
als daß er die schwachen und unaufmerksamen
Leser irrig zu machen, mit Fleiß getrachtet hat.
Gute Ordnung hätte erfodert anzuzeigen,

istens : Daß der gemeinschaftliche Stamm-
vater der Herzoge von Ober- und Niederbayern,
und der Pfalzgrafen am Rhein, Otto Illustris aus
dem Geschlecht Wittelspach gewesen, und daß er
durch seine Gemahlin Agnes die pfälzischen Länder, für sich, und seine Erben bekommen. Der

B 2   Kai-

,, rio sexennali loc. cit. S. 28. Eben derselbe in Chronic. ad h. an.
,, loc. cit. Der einzige Vitus Arenpeckius l. cit. Lib. V. Cap. 56. S.
,, 362. nimmt das Jahr 1494. an, und ihm folget Aventinus Lib.
,, VII. annal. Bojorum S 519. octavoque Idus Jannuarias anno
,, Christi MCCCCXXIV. Diesem sind nachher verschiedene neuere
,, Schriftsteller gefolget. F. B. Johannes in den Anmerkungen zu Da-
,, nielis Perei historia Bavarica Palatina. Francof. ad Moen. 1711. 4to
,, Lib. II. S. III. S. 84. Es ist aber dieses offenbar irrig, denn die fol-
,, gende Geschichte widerspricht der Jahrzahl 1494. In der Wiener
,, Schrift steht auch (vermuthlich) durch einen Druckfehler, 1494.

Kaiſer Fridrich II. hat vermög ſeiner oberkaiſerli-
chen Macht aus einem Manns-ein Weiberlehn
gemacht, und beſchloſſen, damit nach dem Hin-
tritt des Herzogs Otto und ſeiner Gemahlin, ihre
männliche Erben in demſelben folgen, und daſ-
ſelbige beſitzen ſollen. Niemand hat etwas dawi-
der eingewendet; weil man wohl mußte, daß der
Kaiſer, die ihm, und dem Reiche angefallene
Pfalz, entweder der Tochter des Pfalzgrafen
Heinrich, oder ihrem Gemahl, und deren männlichen Erben, oder einem andern Fürſten zu ver-
geben, und ihn damit zu belehnen das Recht hatte. Ihre Schweſter Irmengardis war an Her-
mann IV. Markgrafen von Baaden vermählet,
und bekam vom Kaiſer, für ſich, und ihre männliche Erben, Durlach, Heidesheim, Pforzheim,
und andere Güter.

Der Verfaſſer hätte zweytens anführen ſollen daß dieſer Otto Illuſtris, und ſeine Gemahlin zween Söhne hinterlaſſen, daß dieſe die von
ihren Aeltern angeerbte Länder unter ſich getheti-
let, und daß der älteſte Sohn Ludwig die Pfalz
am Rhein und Oberbayern, der jüngere Heinrich
aber Riederbayern bekommen hat. Er hätte zugleich unterſuchen ſollen, ob dieſe Theilung eine
wahre Stamm-und Todtheilung, oder eine Thei-
digung, und Muthſchierung mit Beibehaltung der
Gemeinſchaft und Belehnung geweſen. Sollte
das von preußiſchen und zweybrückiſchen Höfen
angenommene Lehrgebäude, welches der Verfaſſer hier vertheidigen will, wahr ſeyn; ſo iſt es
allerdings nöthig zu beweiſen, daß dieſe zween
Brüder, ſich bei Gelegenheit der Theilung ihrer
Länder das Erbfolgerecht auf den Erlöſchungsfall
einer von beyden Linien ausdrücklich vorbehalten,
und die Beſtättigung einer ſothanen Diſpoſition
bei dem kaiſerlichen Hof ausgewirket haben. Allein, wie iſt man im Stande dieſes darzuthun?

3tens

3tens. Daß nachdem Kaiser Ludwig IV. seinen ältern Bruder Rudolph Kuhrfürsten von der Pfalz in die Acht erkläret, und seine Länder eingezogen hat, er einen Theil davon, oder wenigstens ein Æquivalent dafür den Herzogen von Niederbayern gegeben hat.

4tens. Daß an dem berühmten Vertrag zu Pavia auch die Herzoge von Niederbayern Antheil genommen, oder denselben nach 1329. beigetreten, und ihn auch auf ihre Länder und Güter ausgedehnet haben; daß man beschlossen, daß im Falle die Herzoge von Niederbayern an männlichen Erben ehender ausgeben möchten, als die Pfalzgrafen am Rhein, und die Herzoge von Oberbayern, diese ihren Antheil anerben, und unter sich theilen sollten: würde sich aber der Fall ereignen, daß erstgedachten Herzogs Heinrich von Niederbayern männliche Erben, die männlichen Erben der beiden Brüder Rudolphs und Ludwigs überleben möchten; daß selbige die Pfalz und Oberbayern bekommen, und an sich bringen sollten. Woher wird man aber die Wirklichkeit eines sothanen Familienvertrags beweisen? Wenn 1340. nicht die Herzoge von Niederbayern, sondern die Pfalzgrafen am Rhein, oder Herzoge von Oberbayern erloschen wären; so würden jene von dieser ihren Ländern nichts bekommen haben. Sie würden sich wohl nicht einmal erkühnet haben, einen Anspruch auf dieselben zu machen, weil sie wohl wußten, daß das so genannte Recht des Geblüts in dem damahligen Staatsrechte völlig unbekannt gewesen.

5tens. Daß, nachdem der letzte Herzog Johann von Niederbayern 1340. gestorben, seine Länder, an die Pfalzgrafen am Rhein und Herzoge von Oberbayern gefallen; daß diese Fürsten selbige Länder unter sich getheilet, oder das eine Haus dem andern ein Æquivalent an Ländern und Gütern sogleich gegeben hat; und daß der

B 3   dama-

damalige Kaiser Ludovicus IV. nicht als ein Ober-
lehnherr, sondern als ein Agnat des verstorbenen
Herzogs solche in Besitz genommen hat. Das
Gegentheil wurde in den unpartheiischen Gedanken 2c. und in den Rechten der Todtheilung 2c.
ausser allen Zweifel gesetzet. Anonym. in Chron.
Ludovici IV. Imperatoris schreibt davon ad ann.
1339. bei Pez in scriptor. rer. Austriac. Tom. II.
folgendermassen: Eodem anno mortuus est Dux
Joannes, filius Heinrici, gener Imperatoris & ex-
hereditata est inferior Bavaria 1341.

6tens. Daß die Söhne Ludovici IV. welche
die vom Vater angeerbte Länder im Anfang gemeinschaftlich zu besitzen und zu beherrschen angefangen, nicht hernach durch eine Grund- und
Todtheilung unter sich getheilet; sondern viel-
mehr bei der vorgenommenen Theilung die Klausel in den Theilungstraktat ausdrücklich hinein-
gebracht haben, daß, wenn der eine oder der andere unter ihnen an männlichen Erben abgehen
möchte, die überlebenden dieselben anerben, und
wenn die männlichen Erben und Nachkommen
Kaisers Ludovici IV völlig ausgehen möchten;
selbige der Rudolphinischen Linie anfallen sollten;
und daß ein sothaner Theilungs- und Familien-
traktat vom Kayser bestätiget worden wäre.

Ist man nicht im Stande diese Sätze aus
den Diplomen darzuthun; so fällt von sich selbsten hinweg, alles dasjenige, was der Verfasser,
und andere Schriftsteller, wider die unpartheiischen Gedanken 2c. eingewendet haben.

„ In Oberbayern regierten zu dieser Zeit als Herzoge, zu Ingolstadt
„ Ludwig; zu Landshut, Herzog Heinrich; zu München, Herzog Ernst und
„ Wilhelm gemeinschaftlich (r)
„ Mit

(r) „ Da alle andere historische und genealogische Umstände in den meisten
„ Schriften, bei Gelegenheit der österreichischen Ansprüche auf Nieder-
„ bayern, hinreichend auseinander gesetzet worden, so werden sie
„ hier übergangen.

Daß sie nicht alle gemeinschaftlich regiert ha,
ben, wird aus folgendem erhellen.

„ Mit diesem Absterben eröffnete sich damals eine weitläuftige Successions,
„ streitigkeit.

§. 6.
Rechte der Niederbayerischen Landesstände.

„ Nicht lange nachher am 21. Jenner versammelten sich die Stände
„ von Niederbayern, der Adel, und die Prälaten, und Städte (Num. I.);
„ und nach angestellten Berathschlagungen, faßten sie den Schluß, daß
„ das Herzogthum Niederbayern, durch gewisse geistliche und weltliche
„ Personen, verwaltet werden solle : damit sich unterdessen die Herzoge von
„ Oberbayern, zu Ingolstadt, Landshut, und München, als welchen die
„ Nachfolge nach Erbrecht in Niederbayern allein zukomme ; über
„ die Theilung vergleichen könnten.

Diese Verordnung der niederbayerischen
Stände war unnöthig, und hätte nicht gelten
können, wenn diesen Herzogen die Nachfolge nach
Erbrecht in Niederbayern zugekommen wäre.
Sie ist ein Beweis, daß die Länder und Gü,
ter, welche zu Niederbayern Straubingen, ge,
hörten, dem Kaiser und Reich angefallen waren.
Daß sie aber diesen Interimalschluß gefasset ha,
ben, ist ihnen nicht zu verdenken, in dem sie in
der Meinung gestanden seyn werden, daß ent,
weder einer von diesen Herzogen, oder alle diese
eröffnete Lehen vom Kaiser erhalten werden. Sie
hätten aber gleichwohl besser gethan, wenn sie
sich an den Kaiser gewendet, und ihn gebeten
hätten, das erledigte Herzogthum Niederbay,
ern Straubingen, in Besitz zu nehmen, und
davon zu disponiren. Der Kaiser war damals
bekanntermassen in den Hußitenkrieg verwickelt,
und daher konnte er sich seiner oberlehenherrli,
chen Macht nicht gleich so bedienen, als ihn
die Reichsgesetze und Herkommen darzu berechtig,
ten.

§. 7.

„ Erſte Unterhandlung zu Straubingen, „ wegen Niederbayern.

„ Am Sonntag vor dem Margarethentag 1425. kamen in der Stadt „ Straubingen die Herzoge Ludewig von Ingolſtadt, Ernſt von München, „ und Heinrich von Landshut zuſammen. Sie unterhandelten über die „ Theilung Niederbayerns drey völlige Wochen, konnten aber nicht zu „ Stande kommen, ſondern wurden einig, wegen dieſer Theilung am Mi- „ chaelisfeſte eben dieſes Jahrs eine neue Zuſammenkunft zu Straubin- „ gen anzuſtellen (s).

Was war die Urſach? Ein jeder ſtrebte nach einer ſo fetten Erbſchaft. Und da ſie wohl wu- ſten, daß es dabei auf die Gunſt des Kaiſers am meiſten ankomme; ſo gab ſich ein jeder von ihnen Mühe, dieſelbe zu erhalten. Die Pfalz- grafen am Rhein haben nicht einmal für gut be- funden ſich dabey zu melden, weil ſie wohl mu- ſten, daß die den Herzogen von Niederbayern Straubingen, gehörige Länder nicht weniger, als Stammgüter der Nachkommenſchaft Herzogs Ottonis Illuſtris anzuſehen waren.

§. 8.

„ Zweyte Unterhandlung zu Straubingen 1425.

„ Keiner von dieſen genannten Herzogen kam am Feſte Michaelis für „ ſeine Perſon nach Straubingen, ſondern allein ihre Geſandten, und „ Wilhelm, der Bruder des vorgenannten Herzog Ernſt, wie auch der Sohn „ dieſes Ernſt der Herzog Albert (Num. II.).

Warum ſind ſie nicht dahin gekommen? Ein jeder von ihnen ſuchte den Kaiſer auf ſeine Seiten zu

(s) „ Andreas Presbyter Diarium ſexennale l. cit. S. 24. ad an. 1425.

zu bringen, und durch seine Gunst und Freyge-
bigkeit das eröffnete Reichslehen für sich und seine
Descendenten zu erhalten.

„ Es hatte ferner der Herzog Albert von Oesterreich zu dieser Ver=
„ sammlung seine Gesandten geschickt, und zwar dieserwegen, weil er war
„ der Sohn der Schwester des Herzogs Johannes. Allein, auch diese Zu-
„ sammenkunft war ohne Erfolg.

Dem Herzog Albert war es nicht zu verdenken, daß er auf die Allodien einen Anspruch gemacht hat. Ich will aber nicht untersuchen, ob
er durch die Allodien nur bewegliche, oder auch
unbewegliche Güter und Landschaften verstanden.
Es konnte aber auch eine andere Ursach dieses
Abschickens der Gesandten dahin seyn. Er konnte das erledigte Herzogthum Niederbayern Straubingen, für sich, und seine männliche Nachkom=
menschaft und Agnaten suchen. Beispiele davon konnte er sehr leicht in den bayerisch=pfälzi=
schen Geschichten finden. Man hat schon oben
erinnert, daß als der Herzog Otto Jllustris die
pfälzische Prinzessin Agnes geheirathet hat, so
war es ihm sehr leicht, für sich, seine Gemahlin, und ihre männliche Erben die pfälzischen
Länder vom Kaiser zu bekommen. Auf gleiche
Art hat Kaiser Ludwig IV. die dem Kaiser und
Reich angefallene Grafschaften Hennegau, Holland, Zeeland, und die Herrschaft Frißland seiner zweyten Gemahlin, und den mit ihr erzeug-
ten männlichen Erben, ertheilet, und jedermann
muste damit zufrieden seyn. Soll der Kaiser
Sigismund nicht befugt gewesen seyn mit dem
erledigten Herzogthum Niederbayern Straubin=
gen das nämliche zu thun, und es entweder für
sich zu behalten, oder seiner Tochter Elisabeth,
seinem Eydame Herzog Albert, ihren männli=
chen Erben, und des letzten Agnaten zu ertheilen.

C   §. 9.

§. 9.

„ Fortſetzung und vorzüglich Betragen
Kaiſer Sigismunds.

„ Die Streitigkeit zwiſchen ben Herzogen, wegen welcher die Zuſam-
„ menkünfte fruchtlos waren , war eigentlich dieſe : Ludwig, Herzog von In-
„ golſtadt, wollte als der Aelteſte , ſich nach dem Rechte der Erſtgeburt
„ die alleinige Nachfolge in ganz Niederbayern anmaſſen, und gegen den
„ Willen ſeiner Vettern , die italiäniſchen, ſpaniſchen und franzöſiſchen
„ Rechte einführen ; er berufte ſich hierbei unter andern auch auf die Gol-
. dene Bulle Kaiſer Karl IV. nach welcher die Fürſtenthümer nicht ge-
„ theilt werden ſollten.

Wie hat man dieſes, und aus was für einem Dokument dargethan ? Adelzreiter iſt kein
gleichzeitiger Geſchichtſchreiber, und ſein Zeugniß
bedeutet in einer ſo wichtigen Sache nicht viel.
Die eigentliche Urſach wird wohl darin zu ſuchen
ſeyn, daß Herzog Ludewig das eröffnete Leben,
für ſich und ſeine männliche Erben, mit Aus-
ſchluß ſeiner Vettern und Agnaten zu erhalten
hoffte. Aus der Urſach that er 1327. wie der
Verfaſſer §. 18. angemerket, eine Reiſe nacher
Ungarn zum Kaiſer Sigismund. Auf die Erſtgeburt konnte er ſich gar nicht berufen, indem
er wohl wuſte , daß in der goldenen Bulla das
Recht der Erſtgeburt nur in Anſehung der kuhr-
fürſtlichen Häuſer feſt geſetzet worden, und daß,
wenn dieſes Vorrecht auch auf Oberbayern eini-
germaſſen ausgedehnt werden können , ſein Vater Stephan II. mit ſeinen Brüdern, durch die
vorgenommene Theilung der von ihrem Vater
Stephano I. angeerbten oberbayeriſchen Länder,
abgegangen iſt. Vielleicht hat er ſich beziehen
wollen auf jene Verordnung, welche Kaiſer Ludwig IV. unter ſeinen Söhnen gemacht, und auf
den Verſicherungsbrief, welchen er ſeinen Landſtän-
den zu Deckendorf 1341. ausgeſtellet hat. Es
ſind in demſelben folgende Worte anzutreffen:
Wir

Wir geheiſſen auch dem Nieder-und Oberlande
zu Bayern, daß es fürbaß ein Land bleiben
ſoll, und ſoll ungetheilt ewiglich bleiben. Mög-
te aber daſſelbe ohngefehr nicht geſchehen: ſo ſoll es
doch nach unſrem Todt zwanzig Jahr von unſern
Erben ungetheilt bleiben. Welcher aber unſerer
Söhne das nicht ſtät wolt haben, der ſoll keinen
Erbtheil an dem Lande haben. Er will hier daſſelbe angezeiget haben, was er 1429. auf der
Verſammlung zu Preßburg öffentlich angeführt,
mit Lehnbriefen erweiślich gemacht, und ſeine
Vettern Herzoge Ernſt und Wilhelm auf keine
Weiſe in Zweifel zu ziehen ſich unterſtanden ha-
ben. Er wird darauf gedrungen haben, daß die
Herzoge von Straubingen über ſolches ihr neues
Fürſtenthum die Lehen von den Kaiſern beſonders
empfangen, und ſich von den Herzogen von Ober-
bayern völlig abgeſondert haben; wie dieſes der
gelehrte Verfaſſer der Rechte der Todtheilung ꝛc.
S. 18. dargethan hat.

„ Alleine die andern Herzoge wenbeten ein, daß die fremben Rechte
„ in Deutſchland nicht gültig wären, daß alſo auch das Recht der Erſtge-
„ burt nicht beobachtet werden könne; ſondern da ſie alle einander gleich
„ wären, ſo müßten ſie auch in gleichen Theilen nachfolgen (t).

Nemlich mit Genehmhaltung und Conſens des
Kaiſer Sigißmunds. Sie hofften ſo viel bei ihme
auszurichten, als Herzog Ludewig-

„ Noch ehe die zweyte Zuſammenkunft zu Straubingen erfolget war,
„ hatte ſich Ludwig, Herzog von Bayern Ingolſtadt, zum Kaiſer Sigmund
„ begeben; und daß dieſer ihm ſchon damals die alleinige Belehnung von
„ Niederbayern verſprochen, iſt gar keinem Zweifel unterworfen (u)

C 2   Die-

(t) Jo. Adelzreiter annal. Boicæ gentis parte III. cum præfatione G.
„ W. Leibnitii. Francof. 710. Fol. P. II. Lib. VII. S. 154. 155.
(u) „ Diarium ſexennale loc. cit. S. 23.

Dieſes beſtättiget dasjenige, was ich erſt itzt
erinnert, daß nemlich dieſer Herzog ſich bemühet,
den Kaiſer auf ſeine Seite zu bringen, und die
eröffneten Lehen, für ſich und ſeine Erben, mit
Ausſchließung der Herzoge von Landshut und
München zu erhalten.

§. 10.

„ Begebenheiten von 1426. das Kuhrhaus Bran-
„ denburg, namentlich Friderich I. entſcheidet den Suc-
„ ceſſionsſtreit wegen Niederbayern.

„ Das in der Stille von Kaiſer Sigmund dem Herzoge von Bayern
„ Ingolſtadt, Ludwigen gethane Verſprechen wegen der alleinigen Beleh-
„ nung, war die wahre Urſache von der ganzen Streitigkeit über die Nach-
„ folge in Niederbayern. Der Kaiſer Sigismund, und die zu Wien ver-
„ ſammelten Reichsſtände übertrugen hierauf die Entſcheidung dieſer Suc-
„ ceſſionsſtreitigkeit dem groſſen Kuhrfürſten von Brandenburg Friederich I.(x),
„ welcher nebſt dem Kuhrfürſten von der Pfalz, Johannes, und dem Grafen
„ Ludwig von Oettingen, einen ſchiedsrichterlichen Ausſpruch fällen ſollten.
„ Dieſer erfolgte am 6. May zu Nürnberg. Nach ſelbigem ſollte Nieder-
„ bayern in drey Theile getheilet werden, und die drey Häuſer, Ingol-
„ ſtadt, München und Landshut ſollten jedes einen Theil bekommen (y).

Wenn nemlich der Kaiſer dieſen ſchiedsrichterlichen Ausſpruch beſtättigen, und den Herzog
Albert dahin überreden würde, damit er ſein
durch die Belehnung von 1426. erhaltenes, und
durch den am eilften Tage darauf mit ihm beſchloſ-
ſenen Vertrag beſtätigtes Recht zu Gunſten der
Herzoge von Oberbayern nachlaſſen, und ſich mit
der Anwartſchaft auf dieſe Lande auf den Erlöſchungsfall erſtgedachter Herzoge befriedigen
laſſen wollte. Wie der Kaiſer 1429. nur unter
dieſer Bedingung den damaligen vier Herzogen
von Oberbayern. das Herzogthum Straubingen
er-

(x) „ Londorp T. I. S. 96;
(y) „ Gundling L. cit. S. 281.

ertheilet hat; so würde er auch 1426. den
schiedsrichterlichen Ausspruch des Kuhrfürsten
von Brandenburg auf solche Art bestättiget haben, wenn er von erstbenannten Herzogen an-
genommen worden wäre. Es ist sehr merkwür-
dig, daß Kuhrfürst Johann von der Pfalz dieser Zusammenkunft beigewohnt, und doch sich,
und sein Haus, oder die sogenannte rudolphinische Linie völlig vergessen hätte. Wenn er
geglaubet hätte, daß das Herzogthum Straubingen ein Stammgut des wittelspachischen Hauses gewesen, und die Herzoge von Oberbayern
und Pfalzgrafen am Rhein ein Erbfolgsrecht
wirklich darauf gehabt hätten; so würde er sich bei
dieser Gelegenheit gemeldet haben, und entweder
mit ihnen gleich miterben wollen, oder sich wenigstens die Erbfolge in den gesammten bayerischen
Ländern auf den Erlöschungsfall der männlichen
Erben Kaisers Ludewigs IV. ausdrücklich vorbehalten haben.

§. 11.

„ 1426. Folgen dieses schiedsrichterlichen Aus-
„ spruchs.

„ Da die Herzoge von Bayern diesen schiedsrichterlichen Ausspruch
„ nicht annehmen wollten; so hielten Johann Kuhrfürst von der Pfalz, Jo-
„ hann Bischoff von Eichstädt, und Ludewig, Graf von Oettingen, dafür,
„ man solle die Entscheidung der Streitigkeit, da sie ein Reichsmannlehen be-
„ treffe, dem Kaiser überlassen.

Sie konnten nach der Reichsverfassung nicht
anders urtheilen. Wenn aber die Herzoge von
Oberbayern ihren Anspruch auf das Recht des
Geblüts gegründet hätten; so würde solches Johann Kuhrfürst von der Pfalz am Rhein ange-
zeigtermaßen um destomehr auf sich und sein Haus
gezogen haben, weil er von der ältern Linie des
wittelspach-pfalz-bayerischen Hauses herstammte.

C 3 Was

Warum that er aber solches nicht? Die oft wie-
derholten Todtheilungen stunden ihm eben so im
Wege, als seinen Agnaten den Herzogen von
Oberbayern.

„ Sigismund war damals mit viel andern Gegenständen beschäftiget,
„ und übertrug hierauf dem Kuhrfürsten von Maynz, Konrad III. ein Reichs-
„ manngericht zu halten, und vor selbigem die Streitigkeit untersuchen und
„ entscheiden zu lassen (z). Er wiederholte dieses sein Verlangen in einer an-
„ dern Urkunde an den Kuhrfürsten von Maynz am 18ten Oktober eben
„ dieses Jahres (a).

Eben diese Geschäfte, hauptsächlich aber der
wider die Hußiten unglücklich fortgesetzte Krieg,
nöthigten ihn, die Gunst und Beistand der Reichsstände, und also auch der unruhigen Herzoge von
Oberbayern zu suchen, und verhinderten ihn von seinen Gerechtsamen in Ansehung des angefallenen
Herzogthums Niederbayern Straubingen, einen
Reichsgesetz- und herkommenmässigen Gebrauch
zu machen.

§ 12.

„ Allgemeiner Innhalt dieser Urkunden, in wie weit
„ sie eine Beziehung auf die Nachfolge von Nieder-
„ bayern haben.

„ Wenn die Herzoge von Bayern sich dem schiedsrichterlichen Ausspruch
„ des Kuhrfürsten von Brandenburg Friedrichs I. unterworffen; wenn der
„ Kuhrfürst von der Pfalz, der Bischof von Eichstädt, und der Graf von Oet-
„ tingen, den Kaiser nicht die Veranlassung gegeben hätten: so würde er
„ wohl schwerlich in die Urkunde diese Worte gesetzet haben: Nachdeme
„ und wir auch meinen Recht zu demselben Niederlande zu haben,
„ und in unser eigen Sach nicht Richter gesetn mögen:

Der

(z). „ Es geschah dieses im Julius 1426. Londorp. l. cit. T. I. S. 36.
(a) „ Londorp loc. cit. S. 34.

Der Kuhrfürst von der Pfalz würde diese
Meinung niemals geheget haben, wenn er geglaubet hätte einiges Recht auf Niederbayern zu
haben. Er muste wohl, daß Kaiser Sigismund
eben so viel Recht darauf hatte, als 1340. Kaiser Ludewig IV. Eben so wie dieser dasselbe für
sich und seine Erben behalten hatte, konnte Sigismundus auch damit thun, daß er aber in seiner eigenen, und des Reichs Sache nicht Richter seyn wollen, ist ein Beweis seiner bekannten
Gerechtigkeitsliebe. Der Kuhrfürst von Maynz
und die übrigen ihm beigegebenen Reichsstände
erkannten dasselbe. Sie waren überzeugt, daß
er nichts weniger, als unerlaubte und interessirte
Absichten dabei hegte, nichts weniger, als darauf
bedacht sey, seine und seines Hauses Macht auf
eine Reichsgesetz- und Herkommen widrige Art
zu vergrössern. Es war ihnen im frischem Anden-
ken, daß er vor etlichen Jahren zwey Reichsfürsten glücklich gemacht, und sie mit zwey ansehn-
lichen Kuhren beschenket und belehnet hatte, nemlich Friederich Burggrafen von Nürnberg, und
einen andern Friederich Markgrafen von Mei-
ßen. Jener hatte ihme die Kuhr Brandenburg,
und dieser die Kuhr Sachsen, und alle damit
verknüpfte Rechte und Freyheiten zu verdanken.
Aus dieser Ursach, hat der Kuhrfürst von Maynz
die Sache so eingeleitet, daß er den Streit untersuchen, und einen oberrichterlichen Ausspruch
thun muste.

„ In der zweyten Urkunde redet Sigismundus ebenfalls von seinen ei-
„ genen Ansprüchen auf das Niederland Bayern.

§. 13.

Wahre Erklärung dieser Worte.

„ Der Kaiser mochte wohl ganz vergessen haben, daß er bereits Lude-
„ wigen Herzogen von Bayern Ingolstadt, die alleinige Belehnung verspro-
„ chen hatte:

Der

Der Kaiser hatte bei seinen weitläuftigen
und verdrüßlichen Geschäften bei weiten kein so
kurzes Gedächtniß. Er wurde wegen seiner Ein-
sichten, wegen der schönen Ordnung, die er in
der Verwaltung seines höchsten Amtes und Würde beobachtete, schon zu seiner Zeit, und da er noch
am Leben war, lux mundi genennet. Es wollte
einmal der Herzog Erich V. von Sachsen Lauen-
burg sein Gedächtniß auf die Probe nehmen.
Er kam nemlich bei ihm zu Ofen in Ungarn
1422. mit dem Bitten ein, daß er ihn mit der
erledigten Kuhr Sachsen belehnen möchte. Der
Grund, auf welchen er seine Bitte bauete, war,
daß er der nächste Agnat des letzten Kuhrfürsten
zu Sachsen aus dem Askanischen Hause sey, und
noch 1414. von ihm Kaiser Sigismund mit ge-
dachtem Kuhrfürsten in die Mitbelehnung aufge-
nommen worden sey. Der Kaiser besann sich
sogleich, daß sein Vorgeben nicht in der Wahrheit gegründet war, und wieß den Herzog nach
Verdienste ab. Und hier soll der Kaiser, so ge-
schwinde vergessen haben, was er dem Herzog
Ludewig von Bayern Ingolstadt versprochen hatte. Daß er aber denselben, und seine Vettern
mit dem Herzogthum Niederbayern nicht belehnen wollte, müssen andere Ursachen gewesen seyn,
und die sind aus den bayerischen Geschichten und
Staatsrechte leicht zu entdecken.

„ ferner, daß weder er selbst, noch die Versammlung der Reichsstände zu
„ Wien, von diesem seinem Anspruche die geringste Kenntniß gehabt.

Dieses kann aus dem Grunde nicht einge-
räumet werden, weil er mit diesem Herzogthum
seinen Eydam in demselben Jahre Dominica Lætare belehnt, und in 11. Tagen darauf einen besondern Vertrag über gedachtes Herzogthum mit
ihm geschlossen hatte.

„ Ein Schriftsteller gibt eine Erläuterung zu den Gründen dieses sei-
„ nes Verspruchs (Num. III.)

Diese

Diese Stelle ist wider den Verfasser. Sie
haben Recht gehabt, wenn sie geurtheilet, quod
ex morte heredis (Joannis 1425) domino feudi
(Sigismundo) cederet (Bavaria inferior). Daß dieser Kaiser 1429. seine Meinung zum Theil geändert, ist seiner bekannten Gnade und Neigung
zu den Herzogen von Oberbayern zuzuschreiben.

„ Sigismund habe es geglaubt, sagt er, aber diese seine Meinung
„ geändert. In dem Urtheile von 1419. welches Senkenberg fehlerhaft
„ herausgegeben, meldete sich zwar im Namen des Kaisers, als Interue-
„ nientem, der Reichserbmarschall Haupt, der zweyte von Pappen-
„ heim, und behauptete, daß die streitigen niederbayerischen Länder dem
„ Kaiser und Reich verfallen wären,

Dieser Reichserbmarschall that nichts anders,
als was sein Amt und Schuldigkeit mit sich brach-
te. Der Kaiser und die zugegen gewesene Stände mußten ihm Recht widerfahren lassen, die
Herzoge von Oberbayern unterstanden sich nicht
zu widersprechen, und haben für gut befunden
den Weg Rechtens fahren zu lassen, und zu der
kaiserlichen Gnade ihre Zuflucht zu nehmen.

„ weil die Herzoge von Bayern, und ihre Vorfahren ohne Vorwissen und
„ Einwilligung der Kaiser als obersten Lehensherren, verschiedene Landes-
„ theilungen eigenmächtigerweise vorgenommen.

Daß dieses ohne der Kaiser, als obersten Le-
henherren ihren Consens nicht erlaubt war, konnte der Verfasser leicht einsehen, und die Herzoge von Oberbayern konnten auch nichts dawi-
der einwenden. Er kann es lernen aus den unpartheiischen Gedanken etc. und aus den Rechten
der Todtheilung etc. Diese eigenmächtigerweise
vorgenommene Landeseintheilungen waren mit
Unruhen, bürgerlichen Kriege, mit Verheerung
der bayerischen und anderer Länder, mit Rau-
ben, Brennen und grausamen Morden verknü-
pfet. Der Kaiser war schon 1422. und also, ehe
D   noch

noch die Herzoge von Straubingen ausgiengen, bemüssiget, ihnen ein ernstliches Friedgebot aufzulegen. Die Rechte der Todtheilung S. 21.

„ Keine Ursach von der Welt konnte ungegründeter seyn, als diese!
„ Hatte denn der Kaiser Sigismund, hatte der Reichserbmarschall verges-
„ sen (Num. IV.) daß die Vorfahren des Herzogs Johannes von Nie-
„ derbayern nach dem Willen und Verlangen der Kaiser sich getheilet hatten;

Auch dieser Umstand ist wider den Verfasser. Weil die Herzoge von Oberbayern, Imperatore Sigismundo, & ejus prædecessoribus non svadentibus, sondern wider ihren Willen getheilet, die Söhne mit den von ihren Vettern unternommenen ungleichen Theilungen nicht zu frieden waren, Kriege und gefährliche Unruhen deswegen erregten, und einen unverantwortlichen Eingrif in die Rechte der obersten Lehnherren gethan haben; so ist gewis, daß sie ihre gehabte Länder und Lehne verwirket, und der Kaiser ihnen ein Friedgebot auflegen müssen. Und weil sie auch auf dasselbe nicht viel gegeben haben, so war er berechtiget alle ihre Länder einzuziehen, und sie entweder für sich zu behalten, oder einem Reichsfürsten zu ertheilen.

„ und wenn beyde dieses nicht wusten, so könnte sich wohl Kaiser Sigis-
„ mund erinn'rn, daß er die Herzoge von Bayern auf der Kirchenversamm-
„ lung zu Kostnitz am 8. April 1417. mit ihren getheilten Landen feyerlich
„ belehnet,

Aber mit welchen? mit Niederbayern? das besassen sie nicht, sondern das hatte seine besondere Herzoge. Oder hat er ihnen die Nebenbelehnschaft darüber ertheilet? der Verfasser hätte auch nicht sollen vergessen zu melden, daß Kaiser Sigismund sich bemüssiget gesehen, wegen der erregten Unruhen und Kriege, die sie in Bayern mit vieler Heftigkeit fortgesetzet, ein besonderes Reichsmanngericht zu Kostnitz zu halten, und ihnen ernstlich anzubefehlen über den Landfrieden zu halten. Da sie aber nach der Zeit mit Hindansetzung der kaiserlichen Befehle neue Unru-
hen

hen in Bayern gemacht haben, so war er nicht
schuldig, dazu still zu schweigen, und alles mit
gleichgiltigen Augen anzusehen.

„ und also diese Theilung, die ausser dem seine Vorfahrern im Reiche be=
„ fohlen, bestättiget hatte(*b*). Kann nun wohl ein Grund, warum Nieder=
„ bayern hat eingezogen werden sollen, lächerlicher seyn, als dieser?

        Kann eine Einwendung lächerlicher seyn, als
diese?

§. 14.

„ **Von den Ansprüchen des Herzogs Albert V. von**
„ **Oesterreich auf Niederbayern; noch immer Auf=**
„ **klärung der Begebenheiten von 1426.**

„ Kein einziger gleichzeitiger Schriftsteller sagt ein Wort, daß Herzog
„ Albert von Oesterreich Ansprüche auf, Niederbayern gemacht oder ge=
„ habt.

        Was thut dieses zur Sache? Was beweiset
silentium scriptorum? Es ist genug, daß man aus
Diplomen von diesem Ausspruche unverwerfliche
Nachrichten hat, und daß man im Stande ist
die Urschriften davon jedermann zu zeigen.

„ Andreas Presbyter in seinem Sexennali melvet allein: daß er Gesand=
„ te nach Straubingen gesendet, weil er ein Sohn von der Schwe=
„ ster des verstorbenen Herzogs Johannis von Niederbayern gewe=
„ sen (*c*).

        Und warum hat er dieses nicht thun können?
Ludwig IV. hat die Grafschaften Hennegau,
Holland, Seeland, und die Herrschaft Frißland,
welche vorhero Mannlehen gewesen, seiner zwey=
ten Gemahlin, und ihren Erben ertheilet. Kai=
ser Friderich II. that das nemliche mit der Pfalz

    D 2   am

(b) „ Rer. Concilii Costansienss. cum Hermanni von der Hardt Tom. V=
   „ S 182. und folg.
(c) „ loc. cit. S. 25.

am Rhein, welche er der Prinzeßin Anna, ihrem Gemahl Otto Illustris, und ihren Erben vergönnte. Eben so viel Rechte wird wohl Kaiser Sigismund gehabt haben das erledigte Herzogthum Niederbayern Straubingen, für sich zu behalten, oder aber Herzog Albert und seinen Erben zu conferiren.

„ Wenn man nun erwogen will, daß eben dieser Schriftsteller von der
„ Nachfolge in Niederbayern die Hauptbegebenheiten sehr umständlich an-
„ gibt; daß derselbe, ehe er die Ankunft der österreichischen Gesandten in
„ Straubingen meldet, ausdrücklich saget: daß denen Herzogen von
„ Oberbayern, Niederbayern nach Erbrecht zugekommen und ge-
„ hört;

Dieses wird seine Meinung gewesen seyn. Wie wird man aber zeigen können, daß sie in dem deutschen Staatsrechte und Herkommen gegründet war? Und warum hat er die Pfalzgrafen am Rhein vergessen? Haben diese nicht so viel Recht dazu gehabt, als die Herzoge von Oberbayern? Dieses muß man behaupten, wenn man behaupten will, daß alle pfalz- und bayerische Länder Stammgüter gewesen, und wenn man in denselben ex pacto & providentia majorum succediret. Es ist hier aber nicht die Frage, was gedachter Schriftsteller geglaubet, sondern was man aus dem deutschen und bayerischen Staatsrechte mittlerer Zeit darthun kann.

„ so kann höchstens bei dieser Stelle die Vermuthung entstehen, daß Albert
„ auf den Allodialnachlaß Ansprüche gemacht.

Er konnte zugleich auch Niederbayern für sich und seine Erben suchen. Es kam alles auf des Kaisers Sigismunds seinen Willen an.

„ Und dennoch ist diese Auslegung eine bloße historische Muthmaßung. Denn
„ folget wohl aus der Begebenheit: weil er Gesandten, als ein Anverwand-
„ ter nach Straubingen sendet, daß er hat auch Ansprüche machen müssen?
„ Können denn nicht eine Menge von andern Vermuthungen hier eintreten?

Aber

Aber was für Vermuthungen ? Die vom Kaiser
erhaltene Belehnung, und die mit ihm bald darauf geschlossene Theilung, zeigen zur Genüge,
warum er Gesandte nach Straubingen abgeschickt
hat.

§. 15.

„ Daß sich nach den Zeugnissen eines glaubwürdigen
Schriftstellers, der Anspruch des Herzogs Albert V.
von Oesterreich nicht einmal denken lasse.

„ Ein glaubwürdiger Schriftsteller, der Abbas Formbacensis, sagt
„ ausdrücklich: daß die Herzoge von Bayern, Stephan, Friederich und
„ Johann, bei den Theilungen ihrer Länder 1392. selbige mit einem Fidei-
„ commiß beleget,

Das Wort Fidei-commiß kommt zwar in
dem Instrument nicht vor, man will aber nicht
untersuchen, ob dieser Vertrag mit diesem in dem
deutschen Staatsrechte vom XIV. Jahrhundert
noch unbekannten Worte belegt werden kann, oder
nicht. Nur ist eine Frage, ob dieser Vertrag
auf den Antheil der Herzoge von Niederbayern
Straubingen, ausgedehnet werden kann. Und
dieses ist, was man dem gegenseitigen Verfasser
nicht einräumen kann. Keiner von diesen drey
Herzogen hat was in diesem Herzogthum besessen.
Sie verglichen sich 1392. über ihre, und nicht
über fremde Länder. Wäre ihre Absicht gewesen,
zu beschließen, daß im Falle die Herzoge von
Straubingen, ehender, als sie, und ihre Erben
aussterben möchten, ihre Länder ihnen anfallen,
und entweder in gleiche Theile getheilet, oder gemeinschaftlich besessen werden sollten; so wäre
auch nöthig gewesen, auch diese ihre Vettern
und Herzoge dazu einzuladen, und zugleich gemeinschaftlich zu beschließen, daß im Falle die
männlichen Erben der Herzoge von Oberbayern
ehender ausgehen, und erlöschen möchten; als

D 3   die

die Herzoge von Straubingen, so sollten auch deren ihre Länder, nicht dem Kaiser und dem Reiche; sondern den Herzogen von Niederbayern Straubingen anfallen. Aber auch dieses wäre noch nicht genug gewesen, wenn sie die Bestättigung dieses Vertrags bei dem Kaiser nicht gesucht und ausgewirket hätten. Wenn aber alles dieses auf das genaueste ausgemacht und beschlossen worden wäre: so hätte das pfälzische Haus nicht den geringsten Vortheil davon. Wollte man diesem durch den erstgedachten Vertrag ein Recht auf Niederbayern verschaffen: so war man schuldig auch diese darzu einzuladen, und zu beschliessen,

a) Daß im Falle die Herzoge von Niederbayern-Straubingen ehender, als die Herzoge von Oberbayern und Pfalzgrafen am Rhein an männlichen Stamm ausgehen möchten, entweder nur die Herzoge von Oberbayern, oder aber auch die Pfalzgrafen am Rhein in ihren Ländern zugleich folgen, und selbige unter sich theilen sollten.

b) Daß, wenn dieses Schicksal die Herzoge von Oberbayern, Stephan, Friederich und Johann, und ihre männliche Erben treffen sollte, ihre Länder, entweder nur die Herzoge von Niederbayern Straubingen, oder aber die Pfalzgrafen am Rhein zugleich anerben sollten.

c) Daß, wenn die Herzoge von Ober- und Niederbayern die Pfalzgrafen am Rhein, und ihre männliche Erben überleben möchten, ihre Länder entweder unter beyde bayerische Häuser getheilet, oder nur einem derselben zu Theil werden sollten. Ist man im Stande einen Haus- und Familienvertrag von dieser Beschaffenheit aufzubringen? Und was würde man gewinnen, wenn auch ein sothaner Vertrag ans Tageslicht gebracht werden könnte, wenn er nicht vom Kaiser bestättiget worden wäre.

* nach

„ nach welchem, wenn der eine ohne männliche Erben mit Tode abgehe,
„ sein Antheil den übrigen noch lebenden zufallen: daß aber niemals das
„ weibliche Geschlecht, und ihre Descendenten in einem Antheile von Bay-
„ ern nachfolgen, sondern auf immer ausgeschlossen seyn sollten.

Dieses thut alles wenig zur Sache. Es ist
durch diese Klausul weder denselben, noch weniger aber den Pfalzgrafen am Rhein einiges Recht
auf das Herzogthum Niederbayern Straubingen
verschaffet worden. Dieser Umstand giebt also
nicht das geringste Licht in gegenwärtigem Streit,
und ist also ohne Ursach hier angeführt worden.
Der Verfasser hätte zeigen sollen, nicht was diese
Herzoge in Ansehung ihrer Descendenten, sondern in Ansehung ihrer Agnaten beschlossen haben.

„ Er sagt ferner, daß die Herzoge diesen Succession- und Familienvertrag
„ mit einem Eyde beschworen, und daß selbiger für alle und jede Nach-
„ kommen des bayerischen Hauses verbindlich seyn sollte (Num. V.)

Dieses kann man einräumen, ohne etwas zu
verlieren. Das durchlauchtigste Erzhaus Oesterreich suchet gar nichts von denjenigen Ländern
und Gütern welche diese drey Herzoge besessen
haben. Es ist aber eine andere Frage, ob Se.
Majestät der Kaiser, und das heilige römische
Reich nicht einen Anspruch darauf machen könnten, und ob sie schuldig sind, selbige mit der Zeit
den Pfalzgrafen von Zweybrücken eben so zuzu-
lassen, und zu verwilligen, als man solches in Ansehung Sr. Durchlaucht dem itzigen Kuhrfürsten
von der Pfalz, und seinen Descendenten, wo Ihm
der Allmächtige noch einige schenken möchte,
gethan hat.

§. 16.

§. 16.

„ Ein ähnlicher Successionsfall in Bayern von 1503.
„ und rechtliches Urtheil Kaisers Maximiliani I.
„ vom Jahre 1504.

„ Am 29. November 1503. starb Georg der Reiche, Herzog von
„ Bayern Landshut. Er hinterließ eine einzige Tochter, die Elisabeth,
„ welche mit des Kuhrfürsten Philippi Ingenui von der Pfalz zweyten
„ Sohne, mit Pfalzgrafen Rupert, vermählet war. Dieser verlangte we-
„ gen seiner Gemahlin die Nachfolge.

Dieses ist ein abermaliger Beweis, daß Herzog Georg der Reiche nicht viel auf den Vertrag
von 1392. gehalten hat. Warum? Weil er nicht
vom Kaiser bestättiget war, und sein Vater, und
seine Vettern sich an denselben nicht binden wollten. Er glaubte wenigstens berechtiget zu seyn,
von seiner Errungenschaft zu disponiren. Es ist bekannt, daß er und sein Vater schöne Güter erworben, und die in der Theilung erhaltene Länder in einen blühenden Zustand versetzet, und
dadurch das Recht erworben, von diesen Errun-
genschaften zu disponiren. Da aber sein Vetter
Albert IV. davon nichts wissen, sondern das Herzogthum Bayern Landshut an sich bringen wollte,
ohne des verstorbenen Herzogs Tochter und
Eydam was davon zu vergönnen; so war es diesem nicht übel zu deuten, daß er dasselbe nicht
abtreten wollte.

„ Nach diesem Absterben Georgs versammelten sich die Lan bstände von
„ Bayern, um über die Nachfolge zu berathschlagen. Rupert, Pfalzgraf
„ am Rhein, die Herzoge von Bayern, Albert IV. und Wolfgang, wie
„ auch der Kaiser Maximilian I. hatten Gesandten zu dieser Versammlung
„ geschicket. Die Gesandten der Herzoge von Bayern führten folgende Grün-
„ de wider die Nachfolge Ruperts an. (Num. VI.) Sie sagten daß in Bay-
„ ern gar keine weibliche Nachfolge Statt finden könne;

Hier

Hier muß man den grossen Fehler, welchen
der berühmte Abt begangen, und durch welchen unser Verfasser verführet worden ist, nicht
unberührt lassen. Die Worte, legere fecit primum Stephanum Ducem, tres post se reliquisse
filios: hic totam Bavariam pleno Jure possedisse
traditur. Ich frage billig den Verfasser, was hier
der Abt durch totam Bavariam verstanden? Nur
das Herzogthum Oberbayern? oder auch Niederbayern Straubingen? Das letztere kann unmöglich behauptet werden, weil der Abt wohl wuste,
daß weder Stephanus I. Dux, qui tres post se re-
liquit filios, noch seine Söhne in dem Herzogthum Straubingen etwas besessen; sondern dieses Fürstenthum seine besondere Herzoge, welche
von Albert Herzogs Stephani Bruder herstamm-
ten, hatte. Quo (Stephano I.) defuncto, tres
filii eam in tres partes diuiserunt Bavariam, quod
vt verum asseveraret, ostendit quoddam exemplar,
ubi manifestabatur: quod, siquis e ducibus moreretur, nec filios, post se relinqueret, tum tota regio, & semen virile & nomen sequeretur. Nun
fragt sich von welchem Bayern diese Worte zu
verstehen sind? Gewiß nur von demjenigen, welches Stephan I. besessen, und an seine drey Söhne vererbet hatte. Wo bleibt aber dasjenige
Bayern, welches der Straubingischen Linie zuge-
hörte? Secundo, eandem concordiam esse renovatam inter Ludovicum ducem, & Albertum, hujus
Alberti Patrem: item, inter Ludovicum Ducem,
& Albertum, Joannem, Sigismundum, Bolfgangum & Christophorum asseveravit. Auch dieses
wird in Ansehung desjenigen Theils von Bayern,
welchen Stephanus I. besessen, zugegeben. Accedit, tertio loco Caesaris Sigismundi exemplar,
quod ostendebat, ubi credit Caesar, & qui judicio
praesidebant, relictam partem (nemlich, das Herzogthum Straubingen, welches weder Stephan I.
noch seine Söhne besessen) domino feudi cedere.
Wer ist dieser Dominus feudi? Gewiß keiner von
den vier Herzogen von Oberbayern, welche um
die

dieſes Herzogthum ſtritten, ſondern Kaiſer Si⸗
gismund. Und dieſer Beweis iſt wider des Ver⸗
faſſers ſein Lehrgebäude. So gehts, wenn man
eine ungerechte Sache verfechten will, wenn es
an rechten Gründen fehlet, und wenn man alte
Geſchichtſchreiber mit Gewalt auf ſeine Seite
ziehen will, und wenn man auſſer Stand iſt ei⸗
nige Diplomen für ſich anzuführen,

„ Daß alle Familienverträge zwiſchen den Herzogen von Bayern eine wech⸗
„ ſelweiſe Nachfolge feſtgeſetzt, und alle und jede Nachfolge des weiblichen
„ Stammes in Bayern ausdrücklich ausgeſchloſſen hatten;

Es wird dieſes, in Anſehung desjenigen Theiles
von Bayern, welchen die Brüder Stephan II.
Fridericus und Johannes beſeſſen haben, zuge⸗
geben. Aber was gehet dieſes das Herzogthum
Straubingen an?

„ daß ſelbſt Kaiſer Sigismund, welcher Anfangs geglaubt, daß Niederbayern
„ ihm 1425. ſey eröffnet worden, dieſes zuletzt eingeſehen, und die ältern
„ Familienverträge beſtättiget hätte.

Kaiſer Sigismund hat allerdings geglaubt, daß
das Herzogthum Niederbayern Straubingen,
1425. ihm, und dem Reich eröffnet worden ſey.
Er hatte gezeigtermaſſen Grund darzu. Wenn
man aber behaupten will, daß er die ältern Fa⸗
milienverträge beſtättiget hätte; ſo iſt dieſes eine
unverantwortliche Verdrehung der Worte: *verum
tamen, ne diſſenſio oriretur, velut primam ex liberalitate diviſionem aliam fecit banc imperiali
autboritate confirmavit.* Es iſt hier nicht die ge⸗
ringſte Spur von einigen ältern Familienverträ⸗
gen. *Ex liberalitate,* und alſo nicht aus Schul⸗
digkeit, hat er 1429. und die vorher (1392.) gemach⸗
te Eintheilung der oberbayeriſchen Länder confir⸗
mirt. *Ex liberalitate* hat er bei dieſer Gelegenheit
den vier Herzogen von Oberbayern das Herzog⸗
thum Straubingen gegeben, und in vier Theile
zu theilen anbefohlen. Der Verfaſſer hätte zeigen
sollen,

follen, daß er zugleich verordnet, damit nach Absterben dieser vier Herzoge und ihrer männlichen
Erben, die Pfalzgrafen am Rhein dasselbe erhalten sollten. Es ist zu bedauren, daß er abermals denjenigen Fehler begehet, den man in den
Schulen ignorationem elenchi zu nennen pfleget.

„ Diese Versammlung der bayerischen Landesstände dauerte bis in Ja-
„ nuar 1504. und den 24. April eben dieses Jahres sprach Kaiser Maxi-
„ milian I. aus eben den angeführten Gründen der bayerischen Gesandten,
„ folgendes Urtheil: Er könne, als oberster Lehensherr niemanden anders
„ für rechtmäßige Nachfolger in dem bayerisch-landshutischen Antheil erken-
„ nen, als die Herzoge Albert und Wolfgang, welchen er demnach die
„ Belehnung ertheilen wolle,

Wenn es mit diesem allem seine Richtigkeit
hätte, so thäte solches nichts zur Sache. Wenn
dem Pfalzgrafen am Rhein Rupert die Nachfolge völlig abgesprochen worden, und wenn er bei
dieser Gelegenheit völlig leer ausgegangen wäre;
so sehe gar nicht ein, wie man daraus schliessen
könnte, daß solches mit der Klausel geschehen,
daß im Auslöschungsfalle der Herzoge von Bayern, oder der sogenannten wilhelminischen Linie,
das Herzogthum Niederbayern Straubingen,
nicht dem Herzog Albert von Oesterreich und seinen Agnaten; sondern den Pfalzgrafen am Rhein
anheim fallen sollte.

„ Mit diesem Urtheile bestättigte Maximilian abermals die bayerischen
„ Familienverträge,

Aber welche? Wenn die Rede ist von dem
Familienvertrag von 1392. so kann solches einge-
räumet werden. Aber was thut dieses zur Sache?

„ nach welchen in den gesammten Landen (da es Reichsmannlehen) keine
„ weibliche Descendenz nachfolgen kann.

Nemlich in den gesammten bayrischen Ländern,
welche Stephan I. und seine drey Söhne besessen,
und unter sich getheilet haben.

E 2 „ Der

„ Der Schriftsteller (d) welcher alle diese Wahrheiten aufgezeichnet
„ hat, war ein bayerischer Landesstand, und wohnte selbst den Versamm-
„ lungen, wo die Successionsstrittigkeit ausgemacht wurde, bei. Seine
„ Erzählung ist also in gewisser Absicht eben so viel, als Urkunde.

Es ist gut, daß der Verfasser setzet in gewisser
Absicht, nemlich, in so weit, als dieselben den
Urkunden und ihrem deutlichsten Inhalt nicht
widersprechen.

„ Bei so klaren Beweisen muß sich wahrhaftig jeder der mittlern deutschen
„ Geschichte kundige Patriot wundern, wie das Haus Oesterreich in unsern
„ Zeiten nur den Gedanken hat haben können, Ansprüche auf Niederbay-
„ ern zu machen.

Dieser Schluß ist sehr ungeschickt, abgeschmackt
und erzwungen. Bei so klaren Beweisen muß
sich wahrhaftig jeder der mittlern deutschen, ab-
sonderlich der bayerisch-pfälzischen Geschichte kundige Patriot wundern, wie der Herzog von Zweybrücken, und Se. Majestät der König von Preu-
ßen in unsern Zeiten nur den Gedanken haben
können die gegründetsten Ansprüche des durchlauchtigsten Erzhauses Oesterreich in einige Zweifel zu ziehen.

§. 17.

„ Worauf sich der Anspruch Herzog Albert V. von
„ Oesterreich gründen soll, und bescheidene Zweifel
„ wider die Authenticität des Lehnbriefes.

„ Da also die vorhergehende, gleichzeitige und spätere Geschichte diesen
„ Anspruch theils offenbar widerspricht,
Dieses ist nicht erwiesen worden.
„ theils selbigen mit Stillschweigen übergehet;
Das Gegentheil hat man dargethan. Strube,
Köhler, Michaelis, Häberlein, Pfeffel, und Mo-
ser, schweigen davon nicht still.
„ so

(d) „ Abbas Formbacensis.

„ so soll sich selbiger auf einen verstümmelten Lehenbrief Kaiser Sigismunds,
„ welchen der Verfasser der Wiener Schrift, zweytes Hauptstück §. 10. S.
„ 28. zuerst mitgetheilet hat, gründen.

Er kann ihn ganz lesen in den Beilagen zu den
Gerechtsamen und Maßregeln Ihrer kaiserl. königl. apost. Majestät auf die bayerische Erbfolge.

„ Allein, wider die Authenticität dieses Lehnbriefes habe ich mehr, als ei-
„ nen gegründeten Zweifel, von welchen ich itzo nur einige mittheilen will.

Der Verfasser kömmt zu spät mit seinen elenden
Zweifeln. Der Kuhrfürst von der Pfalz, sein
einsichtsvolles Ministerium, und alle unpartheiische Leser der Gerechtsamen und Maaßregeln Ihrer kais. königl. apost. Majestät rc. haben die Authenticität dieses Lehnbriefes, und der mit Kaiser Sigismund geschlossenen Theiding aner-
kannt.

„ mehrere sollen nachfolgen, wenn ich den Urtheilsspruch Kaiser Sigismunds,
„ Preßburg 1429. herausgeben und beurtheilen will.

Der Verfasser wird besser thun, wenn er damit
zurückhalten wird. Man kann schon zum voraus
urtheilen, wie diese Zweifel ausfallen werden.

„ Der Lehnbrief ist am 10. Merz 1426. gegeben,

Eben an diesem Tage wurden auch die Herzoge
von Oberbayern damit belehnet. Aber wie, und
mit was für, Einschränkung?

„ und am 6. May dieses Jahrs entscheidet der Kuhrfürst von Brandenburg
„ Friderich I. nach dem Verlangen Kaiser Sigismunds und der Reichsstän-
„ de zu Nürnberg den bayerischen Successionsstreit, und eignet Niederbay-
„ ern den Herzogen von Oberbayern zu.

Und warum sind sie mit diesem schiedsrichterlichen Ausspruch nicht zu frieden gewesen? Warum
haben sie den Kaiser in die Nothwendigkeit versetzet ihre Ansprüche aufs neue zu untersuchen,
und deren Unbestand auf das deutlichste zu zei-
E 3   gen?

38

gen? Warum haben sie den Kaiser in seinen richterlichen Ausspruch folgende Worte hineinbringen, und ausdrucken lassen: daß nemlich der Kaiser dieselben Lande wohl hätte behalten mögen: jedoch so habe er die Strengheit des Gerichts mit Gnaden mildiglich gelindert, nach Beispiel des allmächtigen Gottes und obersten Richters ꝛc. Zu sonderlichen Gnaden erhielten diese vier Herzoge das Herzogthum Niederbayern Straubingen, NB. aber nur für sich und ihre männliche Erben, nicht aber für die rudolphinische Linie, welche von dem neuen Erwerber dieses Herzogthums, nemlich Kaiser Ludewig IV. nicht herstammete. Sowohl dem Herzog Ludewig, als dem Herzog Heinrich war dieser Ausspruch höchst unangenehm, weil die zween Gebrüder Ernst und Wilhelm, die ihren Antheil gemeinschaftlich besassen, so viel von Niederbayern bekommen haben, als sie, da doch Ludewig das ganze Herzogthum für sich allein, Heinrich aber den dritten Theil davon gesucht, und vom Kaiser zu erhalten getrachtet hat. Sie musten sich aber zum Ziele legen, weil sie besorgten das ganze Herzogthum auf immer zu verlieren. Nimmermehr hätten sie sich diesem Ausspruch unterworffen, wenn sie berechtiget wären gewesen dasselbe jure sanguinis, & ex providentia majorum zu verlangen.

Dieß sind historisch ausgemachte Wahrheiten, nicht allein nach den Nachrichten des Adelzreiters und des Gundlings (ob gleich beyde aus dem Archiv schrieben), sondern selbst auch nach der Urkunde Kaiser Sigismunds. Wie lassen sich diese Umstände miteinander vereinigen? Doch es gibt ganz andere Zweifel.

Weder der Adelzreiter, noch Gundling, noch Archive stehen den österreichischen Rechten im Wege. Diese kann der gegenseitige Verfasser mit seinem auf dem Sand gebauten Lehrgebäude nicht vereinbaren.

§. 18.

§. 18.

„ **Aufklärung der Begebenheiten von 1427. nach wel-**
„ **cher erwiesen wird , daß wenn der herausgegebene Lehnbrief**
„ vom 10. Merz richtig ist, so hat Kaiser Sigismund binnen
„ Jahresfrist nicht einmal, sondern dreymal Be-
„ lehnungen über Niederbayern ertheilet.

„ Da sich die Herzoge von Oberbayern dem schiedsrichterlichen Aus-
„ spruch des Kuhrfürsten von Brandenburg Fridrich I. nicht hatten unter-
„ werfen wollen; da die Schiedsrichter die Streitigkeit an den Kaiser Si-
„ gismund zurück verwiesen ; und dieser nunmehr in seinen Briefen an den
„ Kuhrfürsten von Maynz von seinen und des Herzog Albert von Oester-
„ reich Ansprüchen auf Niederbayern Meldung that : so reisten die Herzoge
„ Wilhelm und Heinrich zum Kaiser Sigismund , wahrscheinlich noch im
„ Jahre 1426.

Diese Herzoge waren Dominica Lætare im Jahre 1426. beim Kaiser zu Ofen, weil man weis, daß sie an diesem Tage eine privat und bedingte Belehnung von ihm bekommen haben. Sie geschah salvo jure tertii, oder Ihnen (den Herzogen von Oberbayern, und Herzoge Albert von Oesterreich) unschädlich an ihren Rechten , welche sie vermeinten zu haben, und darzuthun schuldig waren. Eine sothane Belehnung verschaffet noch kein Recht.

„ Und hier gab er ihnen das Herzogthum Niederbayern, jedoch ganz in der
„ Stille und in Geheim zur Lehn.

Daß! der Kaiser auf diese Belehnung nicht viel gehalten , und sie nur deswegen ertheilet, um die Herzoge von sich weg zubringen, erhellet aus seinem Schreiben, welches er am Sambstag nach St. Lukastag im Jahr 1426. an die Herzoge Ernst, Wilhelm und Heinrichen von Bayern, und dem Herzog Albrechten von Oesterreich ergehen lassen, darin er meldet, daß der Herzog Ludewig das Herzogthum Straubingen ganz allein für sich ge- sucht, und seine Vettern desselben eben so berau-
beu

ben wollte, als den Herzog Albert von Oeſt.r‑
reich. Ein Beweis, daß ſelbſt die Herzoge von
Oberbayern auf dieſe bedingterweiſe erhaltene
Belehnung nicht viel gehalten haben.

„Nicht lange hernach 1427. reiſte auch Ludewig, Herzog von Bayern In‑
„ golſtadt, bei Regensburg vorbei zum Kaiſer Sigismund, und dieſer er‑
„ theilte ihm von dem Thron, mittelſt der Fahne öffentlich, und mit aller
„ Feyerlichkeit die Belehnung über das Herzogthum Niederbayern Straubin‑
„ gen (Num. VII.)

Der Verfaſſer hätte den Lehnbrief anführen ſol‑
len. Aus demſelben hätte man ihm ſehr leicht zei‑
gen können, daß der Kaiſer ihm nicht mehr Recht
auf daſſelbe erledigte Herzogthum verwilliget, als
den Herzogen Wilhelm und Heinrichen. Nichts
war ungeräumter, als daß er ſich auf der gulden
Bull Ußweiſug beruffen hatte. Der Erfolg hat
zur Genüge gezeiget, daß dieſe Belehnung ohne
alle Wirkung geweſen iſt. Im Jahre 1419. war
er froh, daß er den vierten Theil deſſelben Her‑
zogthums zu ſonderlichen Gnaden, für ſich und
ſeine Erben, nicht aber für die rudolphiniſche Li‑
nie, bekommen hat.

„ Das ſind ganz unwiderſprechliche Wahrheiten! Was ſoll man nun von
„ allen dieſen Belehnungen urtheilen? Einmal (wenn wir den Lehnbrief
„ als authentiſch annehmen) belehnte Sigismund ſeinen Schwiegerſohn
„ Alberten von Deſterreich 1426. nicht lange hernach belehnt er in der Stil‑
„ le die Herzoge von Bayern, Wilhelmen und Heinrichen, und bald hierauf
„ ertheilte er 1427. Ludwigen von Bayern Ingolſtadt eine alleinige öffent‑
„ liche und feyerliche Belehnung über Niederbayern Straubingen.

Die Herzoge Wilhelm und Heinrich wurden an
dem nemlichen Tage, an welchem Herzog Albert
von Deſterreich belehnt.

„ Kann bei dieſer dreyfachen heimlichen und öffentlichen Belehnung
„ der herausgegebene verſtümmelte Lehnbrief wohl den geringſten Beweis
„ für die in unſern Tagen gemachte Anſprüche des Hauſes Deſterreich auf
„ Niederbayern enthalten?

Ein

Ein wunderlicher Schluß! die Belehnung Herzogs Albert von Oesterreich, und die mit ihm bald darauf gemachte Theiding, setzet man nicht den baverischen, sondern dem vermeinten pfälzischen Rechte auf Niederbayern Straubingen entgegen. Johann Kuhrfürst von der Pfalz wohnte den Versammlungen zu Straubingen, Nürnberg, und 1429. zu Preßburg bei. Er untersuchte die Gerechtsamen der damaligen Herzoge von Oberbayern auf Straubingen. Er hatte demnach Zeit und erwünschte Gelegenheit die Rechte des pfälzischen Hauses aus den zum Vorschein gebrachten Urkunden zu ersehen. Hätten die Herzoge von Oberbayern ihr vermeintes Recht auf Straubingen auf den Vertrag von Pavia, auf das Recht des Geblüts des pfälzisch-bayrischen Hauses, ad pacta & providentiam majorum gegründet! so würde er gewiß nicht dazu still geschwiegen haben. Er würde sich zu ihnen geschlagen, eine gemeinschaftliche Sache mit ihnen gemacht, und sich wenigstens das Erbfolgsrecht auf den Erlöschungsfall der Herzoge von Oberbayern auf Straubingen vorbehalten haben.

§. 19.

„Fortgesetzte Aufklärung der Begebenheiten von 1427.

„„ In diesem Jahre 1427. nahmen die Herzoge von Bayern Ernst, „ Wilhelm und Heinrich, das Herzogthum Niederbayern in Besitz, nach-„ dem sie sich am St. Paulus Bekehrungstage zu Straubingen versammelt „ hatten. Herzog Ludwig von Bayern Ingolstadt war in Ungarn beim „ Kaiser Sigismund, und am bestimmten Termine nicht erschienen. Es „ erfolgte demnach an oben benannte Herzoge von Bayern, die Huldigung „ von Prälaten, Grafen, Vasallen und Städten des Herzogthums Nie-„ derbayern; jedoch ausdrücklich mit Vorbehaltung der Rechte Ludewigs

F   „ Her

„ Herzog von Bayern Ingolstadt (Num. VIII.) Wie konnte denn der Kai-
„ ser Sigismund , wenn er seinen Schwiegersohn Alberten rechtmäßig be-
„ lehnet hatte , bei diesem von Niederbayern genommenen Besitz , und er-
„ folgten Huldigung einen ruhigen und gelassenen Zuschauer abgeben?

Wie konnte Ludewig eine sothane seinen Absichten ganz widrige Theilung mit gleichgültigen
Augen ansehen? Daß aber Kaiser Sigismund
nichts weniger als einen ruhigen und gelassenen
Zuschauer dabei abgegeben , hat sich in dem darauf erfolgten Jahre 1429. gezeiget, da die Herzoge von Oberbayern sich glücklich schätzten, daß
der Kaiser die Strengheit des Gerichts nicht beobachtet, und ihre Länder und Güter nicht eingezogen, sondern ihnen , und ihren männlichen
Erben , auf das Herzogthum Straubingen, zu
sonderlichen Gnaden, doch mit nachfolgender
Klausul ertheilet hat : Doch nehmen wir hierin
ausklärlich , aller andern Leuth Rechten, die zu
denselben Landen Zuspruch meinen zu haben.

§. 20.

„ Begebenheiten von 1428. und 1429.

„ In keinem einzigen Schriftsteller kommt bei dem Jahre 1428. eine
„ Nachricht vor, welche den damaligen bayerischen Successionsfall aufklärte;
„ die Geschichte aber des Jahrs 1429. werde ich in einer eigenen Abhand-
„ lung aufhellen, da ich denn vorzüglich aus dem Urtheil Kaiser Sigismunds
„ von 1429. herausgeben und erläutern will.

§. 21.

„ Schlußanmerkung für den Verfasser der Wiener
„ Schrift , und den Leser.

„ Wunderbar muß es einem jeden der mittlern deutschen Reichsgeschich-
„ te Kundigen vorkommen, daß der Herr Verfasser der Wiener Schrift von
„ den von mir erwiesenen historischen Umständen fast keinen einzigen beige-
„ bracht, und daß er die wichtigsten übergangen hat.

Man

Man hat schon erinnert, daß er nicht nöthig ge=
habt hat diejenigen Umstände, welche in gegen=
wärtigen Streit keinen Einfluß haben, anzufüh=
ren, und daß die vom Verfasser angebrachten so
genannten Aufklärungen den österreichischen An=
spruch weder in einiges Licht setzen, noch einiger=
massen verdunkeln.

„ Entweder hat er sie nicht gewußt (e); wie er aber alsdenn den österrei=
„ chischen Anspruch hat vertheidigen können, ist unbegreiflich; oder nicht wis=
„ sen wollen.

Keines von beiden kann behauptet werden, alle
die vom Verfasser dieser sogenannten Aufklärung
angeführten Quellen, sind in Wien, und auch
dem Verfasser der unpartheiischen Gedanken eben
so bekannt gewesen, als ihm. Es ist unbegreif=
lich, wie dieser auf ein so seltsames und abge=
schmacktes Urtheil hat verfallen können.

„ Wenn eine einzige herausgegebene verstümmelte Urkunde, noch dazu an=
„ genommen, daß sie authentisch ist, alle andere gleichzeitige Urkunden,
„ alle Zeugnisse glaubwürdiger Geschichtschreiber, alle aus den Staats=und
„ Lehenrechte herfliessende Verbindlichkeiten über den Haufen werfen kann:
„ welche neue Wahrheiten werden unsere deutsche Reichslande zu erwarten
„ haben, und welche erschreckliche Zerrüttung steht unserm ganzen deutschen
„ Reichssystem bevor.

Dieser Beschluß scheint in einem recht markt=
schreierischen Ton abgefaßt zu seyn. Er zerfällt
aber von sich selbsten, nachdem man die von

F 2   dem

(e) „ Dieses sollte man fast glauben, wenn die in den öffentlichen Blättern
„ gestandene Nachricht wahr ist, daß man nunmehr allererst in Wien
„ den Nutzen der mittlern Geschichte einsehen lerne, und daß Vorlesun=
„ gen über selbige gehalten werden sollen. Hätte man doch eher sich um
„ die mittlere Geschichte bekümmert, und sie nach den Quellen studiert:
„ so würde gewiß der ungültige Anspruch auf Niederbayern in ewiger
„ Vergessenheit geblieben seyn; und so würde unser deutsches Vaterland
„ nicht abermals unter dieser kaiserlichen Regierung, so, wie unter der
„ vorigen, in neue Drangsalen, und neues Verderben gestürzt werden.

dem Verfaſſer angeführten Umſtände beurtheilt, und gezeiget hat, daß ſie dem öſterreichiſchen Anſpruche nicht im geringſten zuwider ſeyn.

Noch abgeſchmackter ſind die von ihm in dem zu dieſem letzten §. angehängten Not; angebrachten Gedanken. Ich weis gar nicht, woher der Verfaſſer erfahren können, daß man nunmehr allererſt in Wien den Nutzen der mittleren Geſchichte einſehen lerne, und daß Vorleſungen über ſelbige gehalten werden ſollen. So groſſe Staatsmänner, als in Wien jederzeit geweſen, und ſich in dem gröſten Anſehen nicht nur in Deutſchland, ſondern in ganz Europa erhalten haben, werden demnach in der mittleren Geſchichte unerfahren geweſen ſeyn, und derſelben Nutzen verkennet haben? Schade, daß der Verfaſſer nicht um 200. Jahr ehender nach Wien gekommen, um das dortige Miniſterium und Gelehrten von dieſem Nutzen zu überzeugen. Vielleicht wird er ſich aber doch noch erinnern können, wem man zu verdanken hat, daß man nicht nur in Wien, ſondern auch auf andern deutſchen Univerſitäten über die Geſchichte der alten und mittlern Zeiten von Deutſchland Vorleſungen zu halten angefangen hat. Daß man dieſes dem Befehle und Verordnung des unſterblichen Kaiſers Maximilian I. zu verdanken hat, wird von niemanden geläugnet. Hätte der verläumberiſche Verfaſſer dieſer Aufklärung ſich um die mittlere Geſchichte beſſer bekümmert, und ſie nach den Quellen beſſer ſtudiret; ſo würde er gewiß ohne Mühe eingeſehen haben, daß alle die von ihm angeführten Umſtände den öſterreichiſchen Gerechtſamen auf Niederbayern Straubingen gar nicht entgegen ſind, und daß es gewiß iſt, daß nur die gefährlichſten Vergröſſerungsabſichten des Berlinerhofes Schuld daran ſind, daß Deutſchland anitzt, eben ſo, wie in den Jahren 1740. 1741 1744. und 1756. in neue Drangſalen und neues Verderben geſtürzt worden iſt.

Num.

Num. I. Andreas Ratisbonenfis Diarium fexennale
loc. cit. Seite 23.

Anno Domini MCCCCXXV. VIII. Idus Februar. hoc eſt in die Epi-
phaniæ Domini Joannes Dux in Straubing tenens Hollandiam ibidem
a Magiſtro Curiæ ſuæ veneno interfectus obiit, unde nobiles, Præla-
ti, & Civitates inferioris Bavariæ, Dominica octava S. Agnetis conve-
nientes deliberatione præhabita ordinarunt Principatum uſque ad me-
dium quadragefimæ tunc ſequentis, per certas ecclefiaſticas & fecula-
res perſonas gubernari, in hunc finem, ut interim Princeps Bavariæ,
ad quos dictus Principatus hereditario jure pertinebat, de ordinatione
fine divifione ducatus illius fimul convenirent.

Num. II. Eben derſelbe Seite 25.

Anno MCCCCXXV. Item, in feſto S. Michaelis, nullus fupradi-
ctorum Principum perfonaliter venit in Straubing, fed folum Confules
eorum, & Wilhelmus frater Erneſti ducis præfati, ejusdemque Erneſti
filius dux Albertus. Mifit etiam Albertus Dux Auſtriæ ad congrega-
tionem illam Ambafiatores fuos eo, quod ipfe effet filius fororis Joannis ducis fupra dicti.

Num. III. Angelus Rumplerus, Abbas Formbacenfis
Calamitatum Bavariæ. Lib. II. loc. cit. Seite 108.

Accedit tertio loco Cæfaris Sigismundi exemplar, quod oſtendebant,
ubi credit Cæfar, & qui judicio præfidebant, relictam partem ex morte hæredis domino feudi cedere. Verum tamen ne diffenfio oriretur,
velut primam ex liberalitate divifionem aliam fecit hanc imperiali autoritate confirmavit.

Num. IV. Chronicon Salisburgenfe a primo anno æræ
Chriſtianæ ad MCCCCXCVIII. beym Pez ſcript rer.
Auſtriac. T. I. S. 410.

Es iſt biefes das älteſte, und ein ſehr glaubwürdiges Chroniken unter
allen Salzburgifchen Chroniken, im 12ten Jahrhundert abgefaffet,

und

und immer von gleichzeitigen Schriftstellern bis auf das XIV. Jahrhundert fortgesetzet. S. Pez Observationes praeviae l. cit.

MCCCCXXXI. Bavaria inferior tribus principibus, id eft Henrico feniori, Ottoni fratri fuo, & Heinrico iuniori, Imperatore Ludovico fuadente, quod prius nunquam contigit, eft divifa.

Num. V. Angelus Rumplerus Abbas Formbacenfis, Lib- I. Seite 105.

Hi totam Bavariam, quam hereditario jure poffidebant, in tres diviferant partes, ut indicant litterae, ubi non mediocre juramentum emiferunt, quod, fi quis ex eis prior mortem obiret, fingula quae poffideret, ceteris cederet, que res etiam pofteritatem omnem tangebat, verum tamen femellae exclufae, nam his 32. talenta ratione dotis conceffa funt.

Num. VI. Abbas Formbacenfis Lib. II. S. 108.

Deinde accefferunt oratores Alberti Ducis, quorum praecipuus doctor Pleminger legere fecit fingulos articulos in fcheda, offerebat litteras poft litteras. Harum antiquiores concordiam tradebant; fuerunt etiam, quas Sigismundus Rex praebuerat. Legere fecit primum Stephanum ducem tres poft fe reliquiffe filios : hic totam Bavariam pleno jure poffediffe traditur. Quo defuncto, tres filii eam in tres partes diviferunt Bavariam, quod, ut verum affeveraret, oftendit quoddam exemplar, ubi manifeftabatur : quod fi quis e ducibus moreretur, nec filios poft fe relinqueret, tum tota regio, & femen virile & nomen fequeretur. Nulla in eis femina jus habet. Secundo, eandem concordiam effe renovatam inter Ludovicum ducem, & Albertum, hujus Alberti patrem : item, inter Ludovicum ducem & Albertum Joannem, Sigismundum, Bolfgangum & Chriftophorum affeueravit. Earum concordiarum exemplar, quod oftendebat, ubi credit Caefar, & qui judicio praefidebant, relictam partem ex morte heredis domino feudi cedere. Verum tamen, ac diffenfio oriretur, velut primum ex liberalitate divifionem aliam fecit hanc imperiali autoritate confirmavit.

Num.

Num. VII. Andreas Ratisbon. Diarium ſexennale.
loc. cit. Seite 25.

Item, feria quinta poſt Invocavit Ludovicus dux de Ingelſtadt deſcendens ad Regem Sigismundum, extra civitatem ſuper foſſatum pertranſivit equitando Ratisbonam. Rexque Romanorum Sigismundus ſibi Principatum in Straubing ſub vexillo & imperiali Majeſtate reſidens contulit. Et eum quidem Principatum prius ad jura ſua contulerat Wilhelmo & Henrico ducibus Bavariæ, ſed tamen in loco privato.

Num. VIII. Eben dieſes Diarium ſexennale
l. cit. Seite 27.

Item, anno Domini MCCCCXXVII. Erneſtus & Wilhelmus fratres, item Henricus, Dux Bavarie, cum habitæ eſſent variæ dilationes, propter Ludovicum ducem, qui erant in partibus Ungariæ apud Sigismundum Regem Romanorum, & Ungariæ, ipſeque memoratus Ludovicus non veniſſet in Straubing in termino præfixo, ſcilicet die Converſionis S. Pauli, prædicti tres Principes, ſcilicet Erneſtus, Wilhelmus; & Heinricus principatum inferioris Bavariæ, cujus Capitalis Civitas erat Straubing, acceperunt in poſſeſſionem, præſtita ipſis fidelitate a Prælatis, Comitibus, Militibus, Civitatibus &c. ſalvo tamen jure ipſius Ludovici memorati.